Dieses Buch gehört

_____

Qualität von Oetinger

Büchersterne

Liebe Eltern,

Lesenlernen ist eine Meisterleistung. Es gelingt nur Schritt für Schritt. Unsere Erstlesebücher in drei Lesestufen unterstützen Ihr Kind dabei optimal. In den Büchern für die 1. Klasse erleichtert eine große Fibelschrift das Lesen, und der hohe Bildanteil hilft, das Gelesene zu verstehen. Mit beliebten Kinderbuchfiguren von bekannten Autorinnen und Autoren macht das Lesenlernen Spaß. 16 Seiten Leserätsel im Buch laden zu einer spielerischen Auseinandersetzung mit dem Text ein.
So werden aus Leseanfängern Leseprofis!

Manfred Wespel
Prof. Dr. Manfred Wespel

PS: Weitere Übungen, Rätsel und Spiele gibt es auf www.LunaLeseprofi.de. Den Schlüssel zu Lunas Welt finden Sie auf Seite 55.

Büchersterne – damit das Lesenlernen Spaß macht!

www.buechersterne.de

Mit Büchersterne-Rätselwelt

Paul Maar

Der Buchstaben-Zauberer

Bilder von
SaBine Büchner

Verlag Friedrich Oetinger · Hamburg

Inhalt

1. Das Zauberhaus   5

2. Die verzauberte Rose   12

3. Leo zaubert weiter   18

4. Wer zuletzt lacht …   22

5. Eine Tochter   26

6. Ordnung schaffen   30

Rätselwelt   40

1. Das Zauberhaus

Mitten im Wald
ist eine Lichtung.
Darauf steht ein schiefes Haus.

Es hat drei Fenster auf jeder Seite
und ein sehr hohes Dach.
Rund um das Haus
wachsen seltsame Blumen.

Die Kinder aus dem Dorf
gehen nie in diesen Wald.
Und schon gar nicht
zu diesem sonderbaren Haus.

Nicht einmal Leo geht dorthin.
Seine Mutter
hat ihm nämlich verboten,
in den Wald zu gehen.

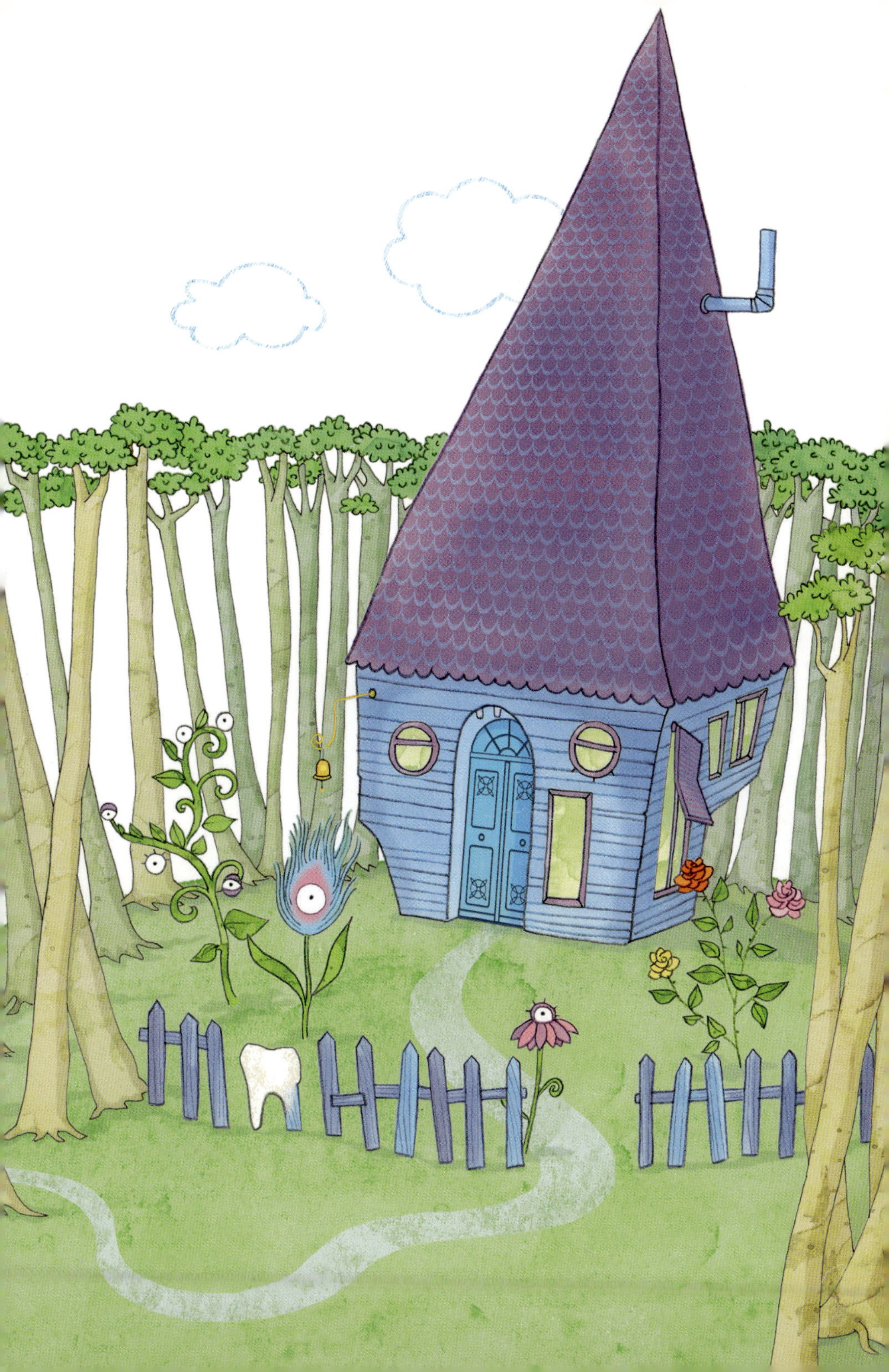

Aber Leo hat keine Angst.
Er ist neugierig und fragt:
„Mama, warum darf ich nicht
zu diesem Haus gehen?"

Seine Mutter antwortet:
„Weil Herr Zisch dort wohnt."

„Ja und?", fragt Leo.
„Warum darf ich Herrn Zisch
nicht mal besuchen?"

„Weil Herr Zisch
ein Zauberer ist",
sagt Leos Mutter.

„Was zaubert Herr Zisch denn?",
will Leo wissen.

„Er verzaubert Buchstaben",
sagt sie.

Buchstaben?, denkt Leo.
Das ist doch nicht schlimm.
Warum sollte ich Angst
vor verzauberten Buchstaben haben?

Und Leo geht einfach in den Wald
zum Zauberhaus.

Er klingelt an der Tür.
Ein kleiner, dicker Mann macht auf
und schaut Leo erstaunt an.

Leo fragt: „Sind Sie Herr Zisch?"
„Ja, der bin ich", sagt Herr Zisch.

Leo fragt weiter:

„Können Sie wirklich zaubern?"

„Ja, das kann ich", sagt Herr Zisch.

2. Die verzauberte Rose

Leo sagt:
„Das glaube ich nicht.
Zaubern Sie doch mal!"

Das lässt Herr Zisch sich
nicht zweimal sagen.
Schnell holt er seinen Zauberstab
aus dem Zaubermantel.

Vor dem Haus
wächst ein Rosenbusch.
Zauberer Zisch tippt mit dem Stab
auf die schönste Rose.

Schon hängt am Busch
eine Dose.

Leo ist begeistert.
Er fragt: „Darf ich bitte
auch mal zaubern?"

Zuerst sieht Herr Zisch
ihn streng an.
Dann lächelt er und sagt:
„Na gut. Aber nur ein Mal!"

Herr Zisch gibt Leo
den Zauberstab.
Leo tippt auf die Dose.
Schon hängt da
eine Hose.

Herr Zisch sagt:
„Gut gemacht!
Jetzt gibst du mir aber
den Zauberstab zurück!"

Doch Leo will noch nicht.
Schnell tippt er auf die Hose.
Da wird daraus ein Hase.

Der Hase rennt weg.

„Nun ist meine schönste Rose
einfach weggerannt!",
ruft Herr Zisch.
„Gib sofort
den Zauberstab her!"

3. Leo zaubert weiter

Aber Leo gibt den Stab nicht her.
Das Zaubern macht ihm Spaß.

Er tippt auf die Uhr
von Zauberer Zisch.
Schon hat Herr Zisch
ein Ohr am Arm.

„Was soll ich mit dem Ohr?",
ruft Herr Zisch.
„Denkst du,
ein Ohr sagt mir,
wie spät es ist?
Gib sofort den Zauberstab her!"

Leo ruft:
„Nur noch ein Mal!
Versprochen!"

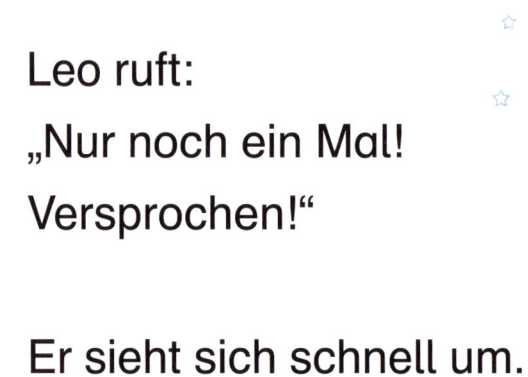

Er sieht sich schnell um.
Was könnte er verzaubern?

Leo geht zum Haus.
„Nein!", ruft Zauberer Zisch.

Aber schon tippt Leo
auf das Haus.
Da wird daraus eine Maus.

Die Maus verschwindet schnell
in einem Loch.

4. Wer zuletzt lacht …

Nun ist Herr Zisch
sehr, sehr böse.
Er brüllt:
„Was hast du
mit meinem Haus
gemacht!"

Voller Zorn schnappt er sich
den Stab aus Leos Hand.

Jetzt tippt der Zauberer auf Leo.
Da wird aus Leo ein Mädchen.
Herr Zisch hat aus Leo
eine Lea gemacht.

Darüber muss Herr Zisch
laut lachen.
Er lacht und lacht.
Er biegt sich
und schüttelt sich.

Dabei fällt ihm der Zauberstab
aus der Hand.

Schnell nimmt Lea
den Stab zurück
und tippt auf Zauberer Zisch.
Da steht vor ihr ein Tisch.

Der Tisch sieht wirklich lustig aus,
findet Lea.

5. Eine Tochter

Kurz darauf kommt Lea
nach Hause
und sagt zu ihrer Mutter:
„Mama, erkennst du mich?
Ich war mal Leo.
Jetzt hast du eine Tochter."

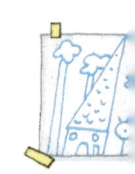

„Das kann ich nicht glauben!",
ruft Leas Mutter.

Lea zeigt ihr den Zauberstab
und sagt: „Doch, Mama.
Zauberer Zisch
hat mich verzaubert.
Mit diesem Stab."

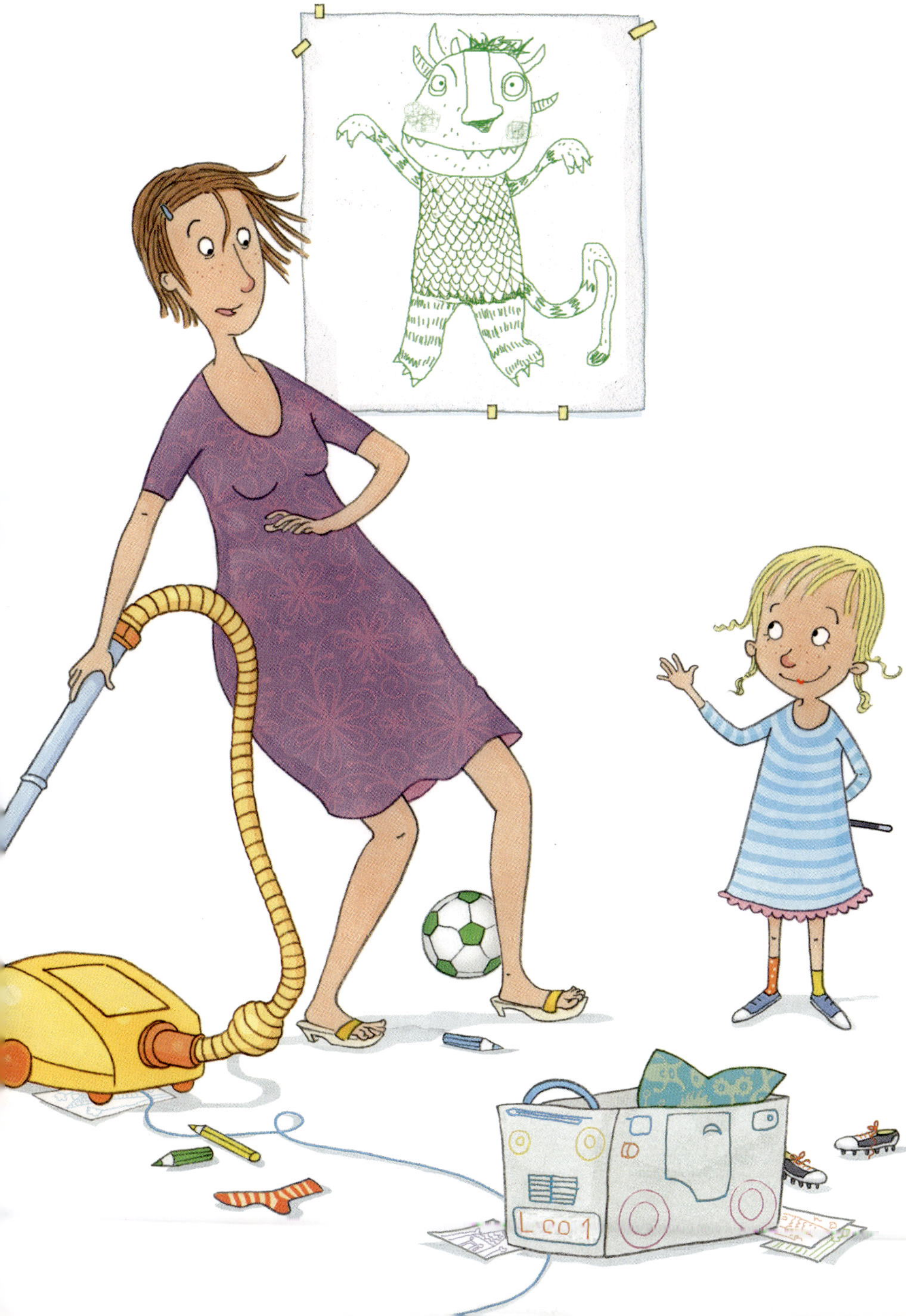
L co 1

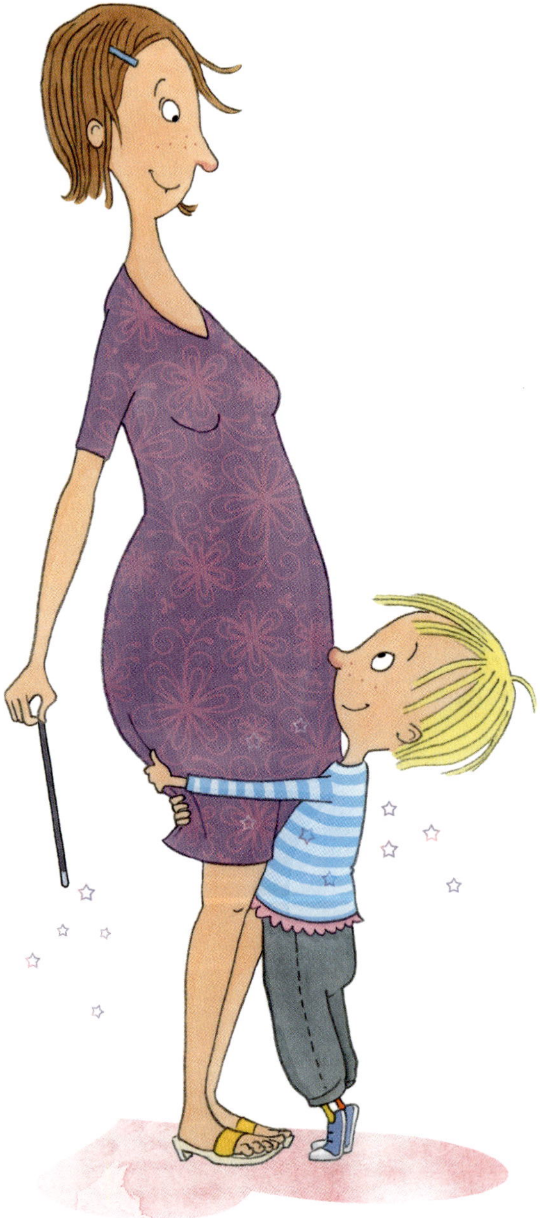

„Hab ich dir nicht gesagt,
du sollst niemals
zu diesem Haus gehen?",
fragt die Mutter.

„Doch, das hast du",
gibt Lea zu.

Die Mutter seufzt und sagt:
„Na gut.
Dann gib mal
den Zauberstab her!"

Sie nimmt den Stab
und tippt Lea an.
Da wird aus Lea
wieder Leo.

6. Ordnung schaffen

„So", sagt die Mutter.
„Jetzt gehen wir zusammen los
und schaffen Ordnung!"

Leo und seine Mutter
gehen zur Waldlichtung
und setzen sich vor das Mauseloch.

Kaum kommt die Maus
aus ihrem Loch,
tippt die Mutter sie
mit dem Zauberstab an.

Da wird die Maus
wieder zum Haus.

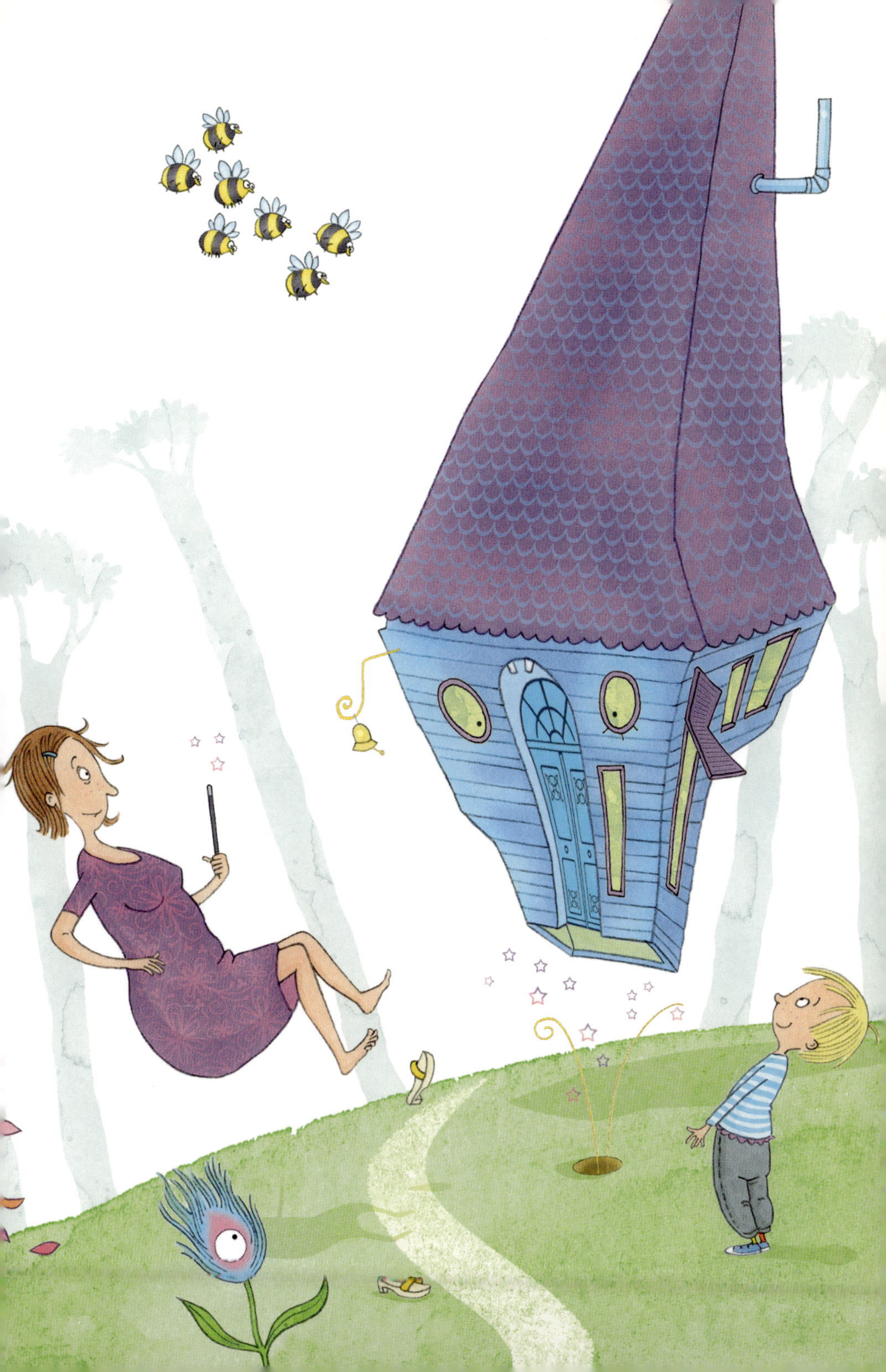

„Jetzt müssen wir
den verzauberten Tisch suchen",
sagt Leo.

Der Tisch steht mitten im Haus.
Die Mutter tippt ihn an.
Da wird daraus
ein großer, dicker Fisch.

Leo ruft: „Falsch gezaubert, Mama!
Das soll doch
Zauberer Zisch werden!
Darf ich noch mal?
Nur noch ein Mal. Versprochen!"

„Na gut", sagt die Mutter
und reicht ihm den Stab.

Leo tippt den dicken Fisch an.
Da wird daraus Herr Zisch.
„Gut gemacht, Leo!",
lobt seine Mutter ihn.

Leo lacht und gibt ihr
den Zauberstab zurück.

Aber Herr Zisch findet das
gar nicht lustig.

Kaum ist er wieder er selbst,
fängt er an zu schimpfen:
„Dieser Junge ist das frechste Kind,
das ich je gesehen habe!
Jetzt geben Sie mir sofort
den Stab zurück!"

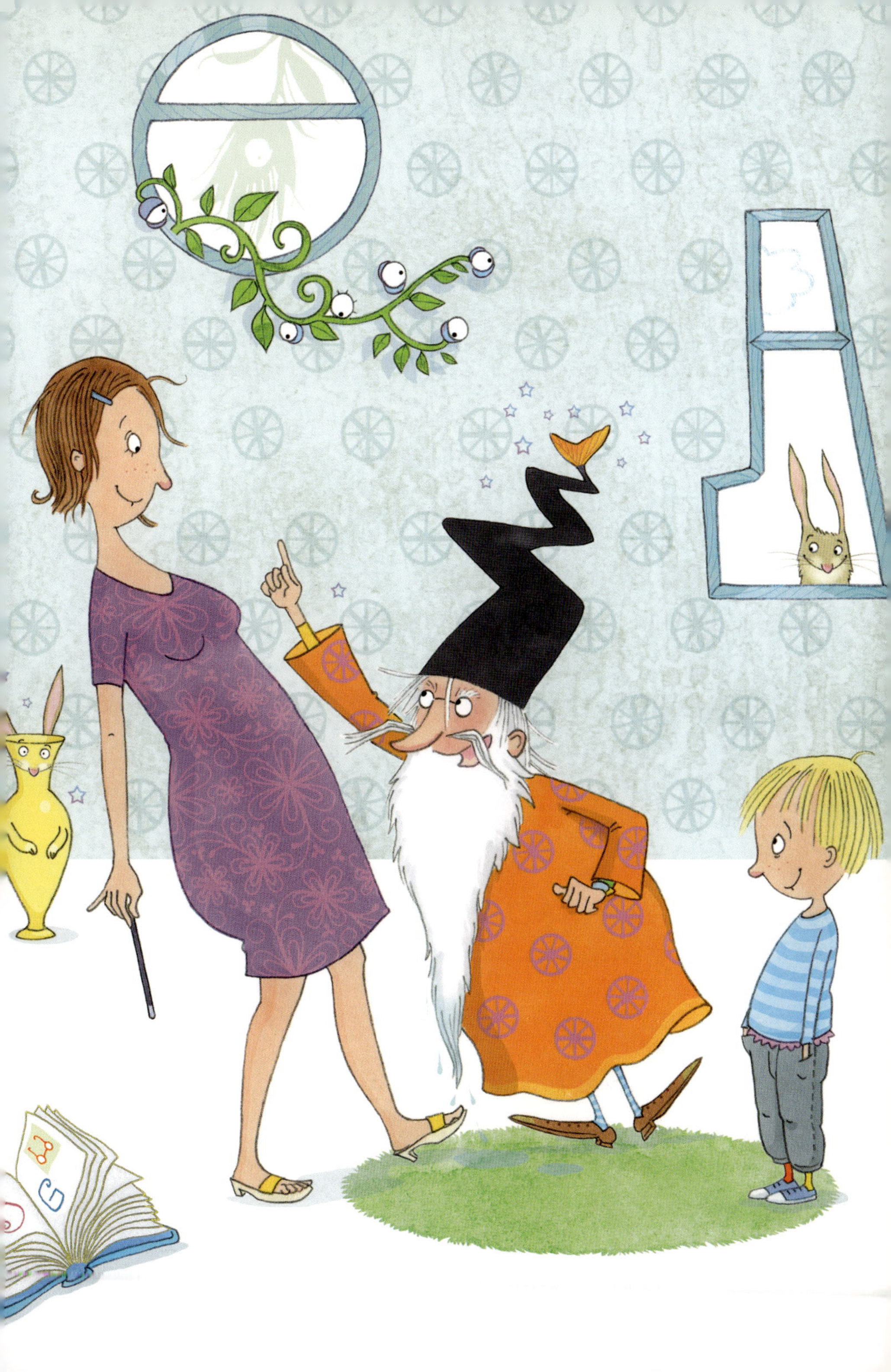

Die Mutter antwortet nicht.
Sie geht einfach zum Bücherregal
und tippt ein Buch an.
Da wird daraus ein Bach.

Schnell wirft sie den Zauberstab
in den Bach.
Da schwimmt der Stab davon.

„So!", sagt Leos Mutter zufrieden.
„Jetzt ist endlich Schluss
mit dieser Wörter-Zauberei!"

Dann nimmt sie Leo
an der Hand,
und die beiden
gehen nach Hause.

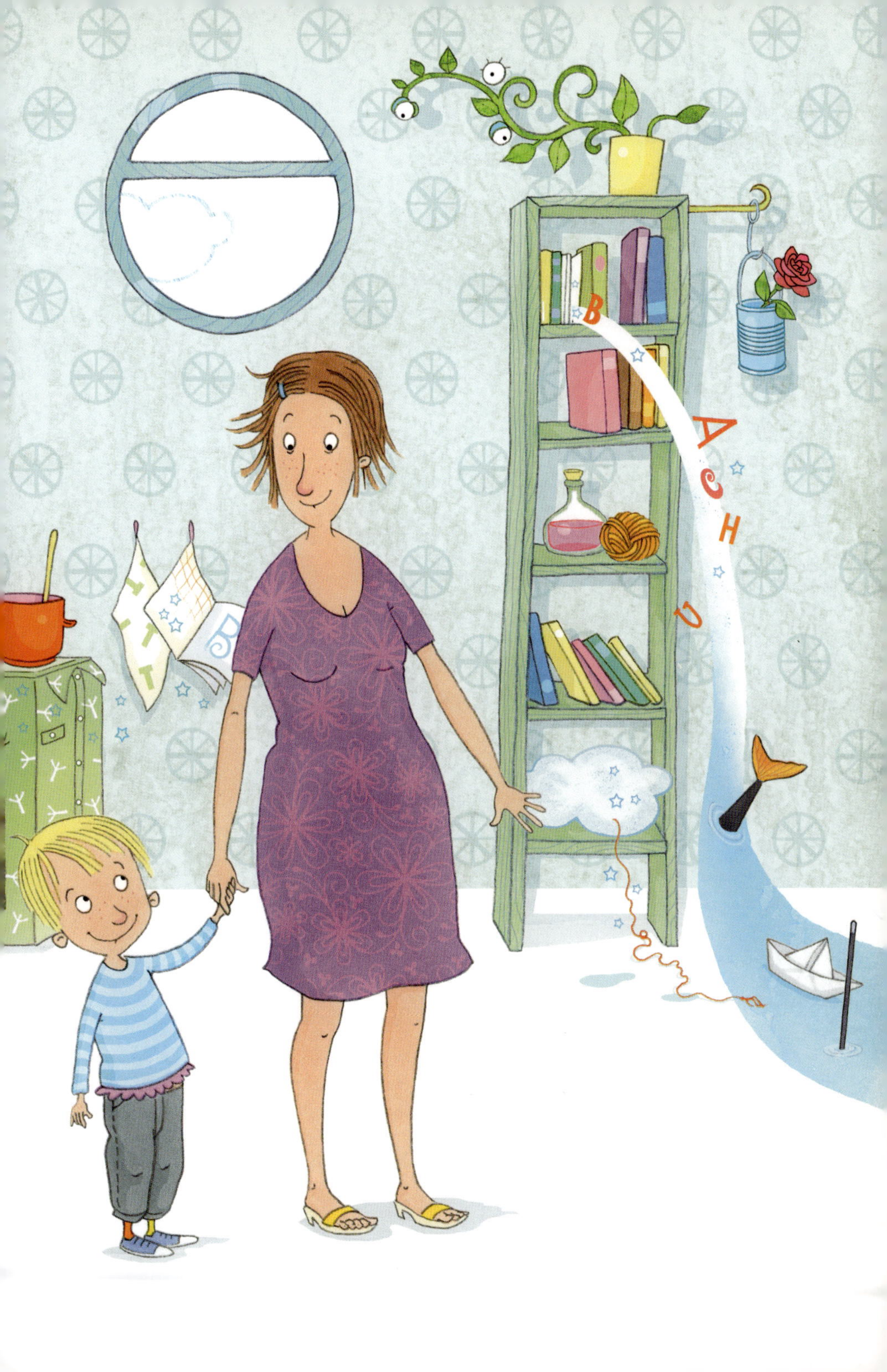

wau

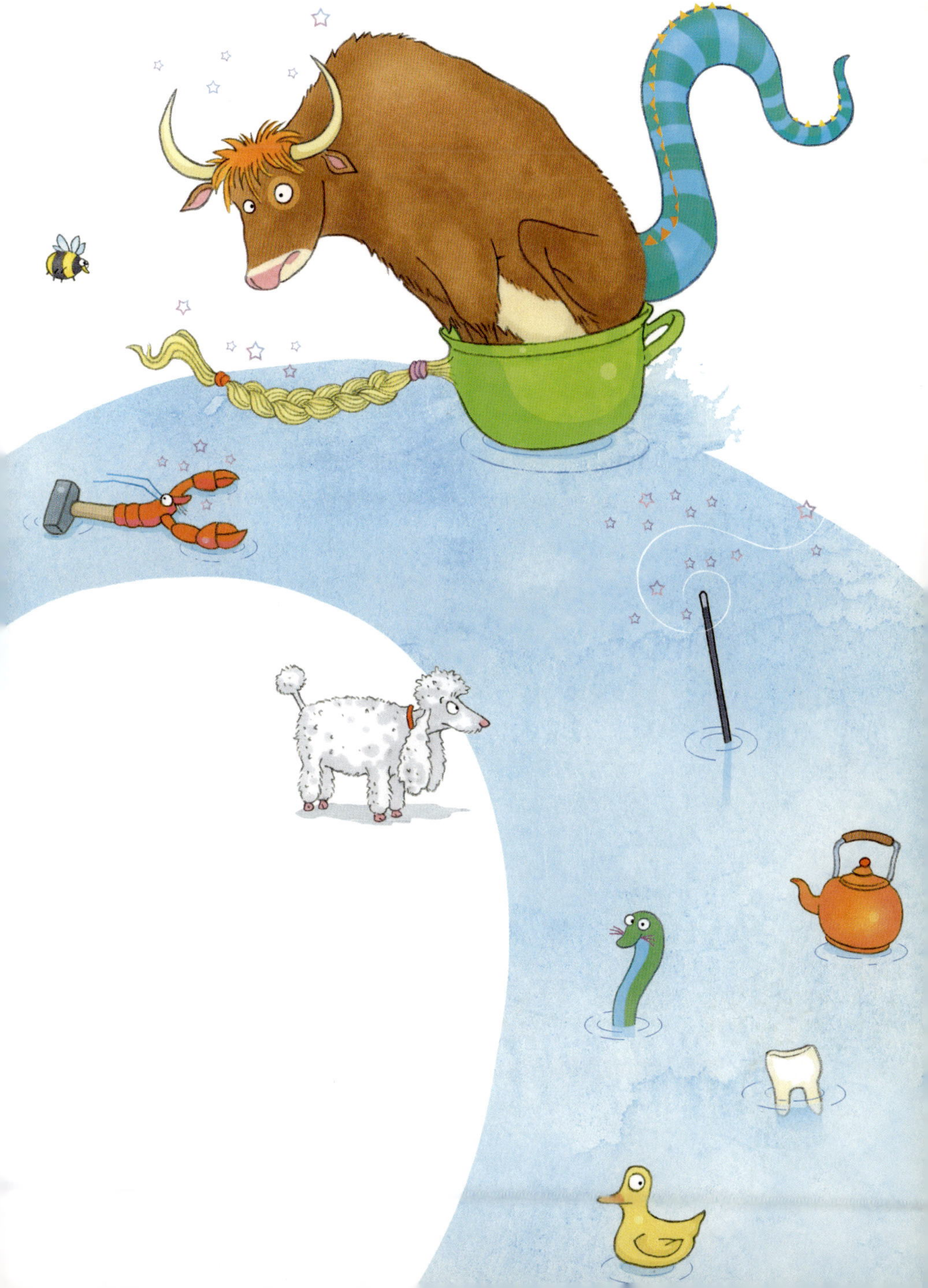

Willkommen in der Büchersterne Rätselwelt

Komm auch in meine Lesewelt im Internet.

www.LunaLeseprofi.de

Dort gibt es noch mehr spannende Spiele und Rätsel!

Büchersterne-Rätselwelt

Hallo,
ich bin Luna Leseprofi und ein echter Rätselfan! Zusammen mit den kleinen Büchersternen habe ich mir tolle Rätsel und spannende Spiele für dich ausgedacht.

Viel Spaß dabei wünscht

Luna Leseprofi

Lösungen auf Seite 56–57

Zauberpfad

Kannst du dem geheimen Zauberpfad der Rose folgen?

⭐ **1** Aus der Rose wird eine Dose.

⭐ **2** Die Dose wird zu einer _____ .

⭐ **3** Aus der H_____ wird ein _____ .

⭐ **4** Der H_____ wird zur _____ .

⭐ **5** Und aus der V_____ wird eine _____ .

Büchersterne-Rätselwelt

Büchersterne

1

Lese-Rallye

Findest du den Weg durch das Buch?

Starte auf Seite 5.

Zähle die Hummeln und gehe so viele Seiten weiter.

Wo findest du den Kessel noch einmal?

Auf welcher Seite war der Ochse noch eine Echse?

Büchersterne-Rätselwelt

Büchersterne

Wo wird Zauberer Zisch zum Tisch?

Zähle auf dieser Seite die Zeilen und blättere so viele Seiten weiter.

Bist du bei mir angekommen?

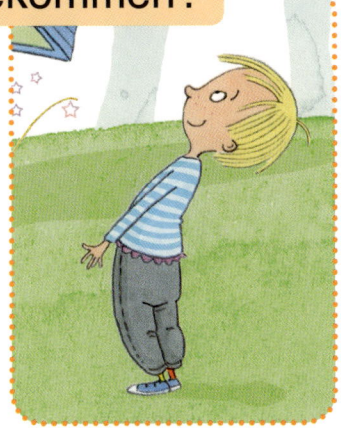

Bildzauber

Erkennst du die halb verzauberten Wörter?

Hammer — Hummer

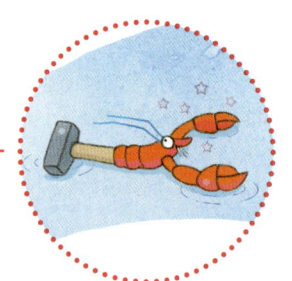

Z_____ — Z_____

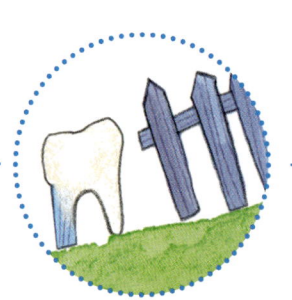

Mein Tipp: Sage laut, was du siehst!

Büchersterne-Rätselwelt

Büchersterne

B _____ B _____

B _____ G _____

E _____ O _____

47

Zaubersalat

Verzaubere Dackel, Schaf und Ente und setze die neuen Wörter zusammen!

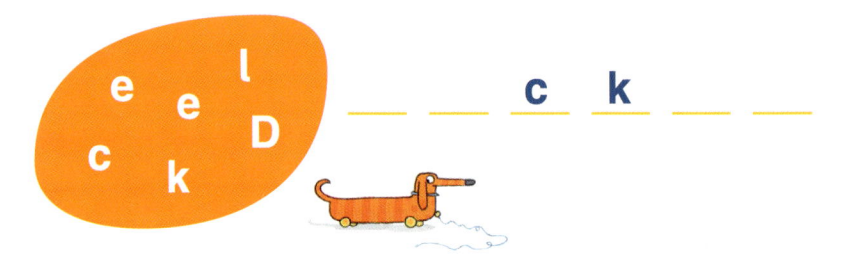

e e l
c k D   __ __ __ c k __ __

__ __ __ __ __ __   a h c l S

e n d E   __ __ __ __ __

Büchersterne-Rätselwelt

Büchersterne

Welche verzauberten Dinge findest du auf diesem Bild?

Suchbild

49

Stab-zauber

Am Ende der Geschichte zaubert der Stab alleine weiter. Was wird aus …

Tanne _ _ _ _

Zopf _ _ _ _

Pudel _ _ _ _ _

Büchersterne-Rätselwelt

Büchersterne

Kessel

— — — — — —

Wurm

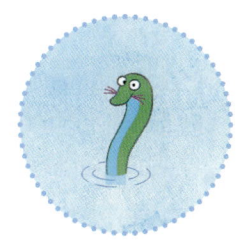

— — — —

Ente

— — — —

51

Zauber-kreis

**Spiel für zwei!
Wer schafft es dreimal um den Zauberkreis?**

Wanne

Ihr braucht:
- 1 Würfel
- 2 Spielfiguren
- 5 Kieselsteine

Deckel

Büchersterne-Rätselwelt

Büchersterne

Hummel

Uhr

Hose

Ochse

Würfelt abwechselnd! Rücke vor und springe dann auf den passenden Wörter-Zauber. Lege unten einen Stein ab, wenn du über **START** kommst.

Luna Leseprofi

Finde das Lösungswort und komm in Lunas Lesewelt im Internet!

| H |
| A |
| U |
| M | A | U | S |

| H | U | N | D |
| A |
| N |
| D |

wau

Lunas Rätselwelt

Z	A	H	N				
A				T			
U			F	I	S	C	H
N				S			
				C			
				H			

LÖSUNGSWORT:

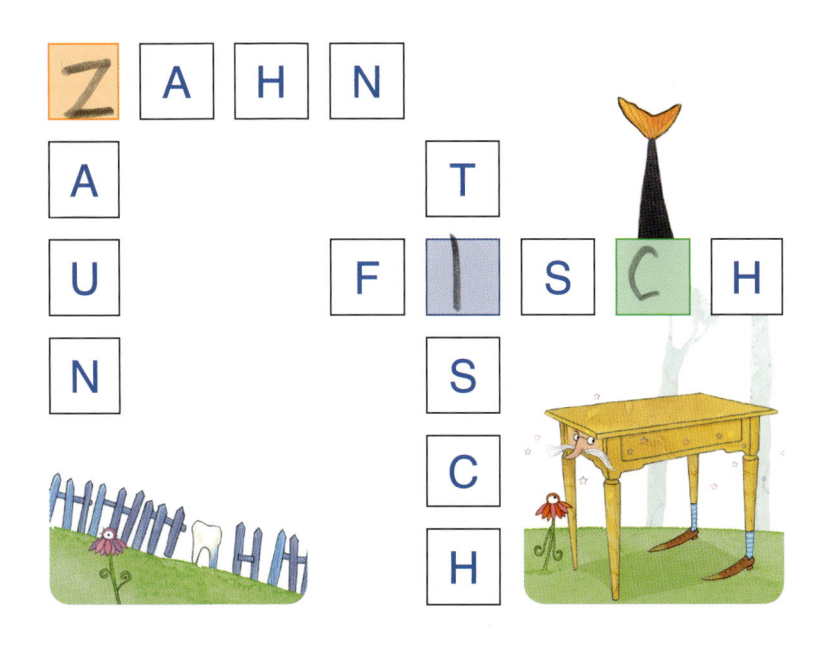

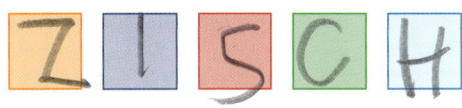

Z I S C H

Mit dem LÖSUNGSWORT gelangst du in meine Lesewelt im Internet:
www.LunaLeseprofi.de
Dort warten noch mehr spannende Spiele und Rätsel auf dich!

Rätsel-Lösungen

Alle Rätsel gelöst? Hier findest du die richtigen Antworten.

Seite 49 · Suchbild
Hemd – Herd
Tuch – Buch
Wolle – Wolke
Buch – Bach
Fisch – Zisch (Flosse auf Zauberer Zischs Hut)
Lea – Leo (rosa Rand an Leos Hemd)

Seite 50-51 · Stabzauber
Tanne – Kanne oder Wanne
Zopf – Topf
Pudel – Nudel
Kessel – Sessel
Wurm – Turm
Ente – Ende

Seite 54-55 · Luna Leseprofi
Gib dein Lösungswort im Internet unter **www.LunaLeseprofi.de** ein. Wenn sich eine Lesemission öffnet, hast du das Rätsel richtig gelöst.

Büchersterne-Rätselwelt

Büchersterne

Seite 42-43 · Zauberpfad
1. Aus der Rose wird eine Dose.
2. Die Dose wird zu einer Hose.
3. Aus der Hose wird ein Hase.
4. Der Hase wird zur Vase.
5. Und aus der Vase wird eine Nase.

Seite 44-45 · Lese-Rallye
3 Hummeln → Seite 8
Auf Seite 39
Auf Seite 23
Auf Seite 25
6 Zeilen → Seite 31

Seite 46-47 · Bildzauber
Zahn – Zaun
Bein – Beil
Brille – Grille
Echse – Ochse

Seite 48 · Zaubersalat
Deckel, Schal, Ende

57

1. Klasse

Schulspaß und mehr fürs erste Lesen

Antonia Michaelis
Max und das Murks
ISBN 978-3-7891-2354-2

Paul Maar
Das Schul-ABC. Verse zum Mitraten und Mitreimen
ISBN 978-3-7891-1253-9

Ursel Scheffler
Paula und der Schultüten-Drache
ISBN 978-3-7891-1264-5

Erhard Dietl
Die stärksten Olchis der Welt
ISBN 978-3-7891-2326-9

Oetinger

Mit Lesespielen im Internet. Lesepatenmodell für Lehrer und Eltern.
www.buechersterne.de, www.LunaLeseprofi.de und www.oetinger.de

Lesespaß für Leseanfänger

Unfug und Quatsch: Bücher zum Lachen!

1./2. Klasse

2./3. Klasse

Kirsten Boie
**Abenteuer im Möwenweg.
Wir reißen aus**
ISBN 978-3-7891-2331-3

Paul Maar
Der Buchstaben-Fresser
ISBN 978-3-7891-2342-9

Susanne Lütje
**Robin und das Dingsda.
Alarm im Klassenzimmer**
ISBN 978-3-7891-1258-4

Astrid Lindgren
**Michels Unfug
Nummer 325**
ISBN 978-3-7891-0757-3

Oetinger

Mit Lesespielen im Internet. Lesepatenmodell für Lehrer und Eltern.
www.buechersterne.de, www.LunaLeseprofi.de und www.oetinger.de

Das didaktische Konzept zu Büchersterne wurde mit Prof. Dr. Manfred Wespel, Pädagogische Hochschule Schwäbisch Gmünd, entwickelt.

© Verlag Friedrich Oetinger GmbH, Hamburg 2014
Alle Rechte vorbehalten
Titelbild und farbige Illustrationen von SaBine Büchner
Einband- und Reihengestaltung von Manuela Gerdes,
unter Verwendung der Sternvignetten von Heike Vogel
Druck und Bindung: Mohn Media GmbH, Gütersloh
Printed 2014/II
ISBN 978-3-7891-2372-6

www.oetinger.de
www.buechersterne.de

Then Noah looked up.

There was a huge rainbow

in the sky!

God said it was a sign

that he would never, ever

break his promise.

Then God made a promise to Noah.

God said he would never make a flood cover the whole earth again.

The first thing Noah did
was thank God.
God had kept them safe
during the storm.

Noah, his family, and all the animals walked out onto dry land.

The ark had landed on the top of a mountain. God told Noah it was safe to get out of the ark.

This time, the dove came back to Noah with an olive branch.

She had found a tree.

The water was going down!

Noah waited seven more days.

Then he let the dove

fly out again.

The dove flew very far.

But she could not find

a place to land.

The earth was still under

the water.

So the dove flew back to Noah.

At last, the rain stopped.

Noah opened a window.

He let out a dove.

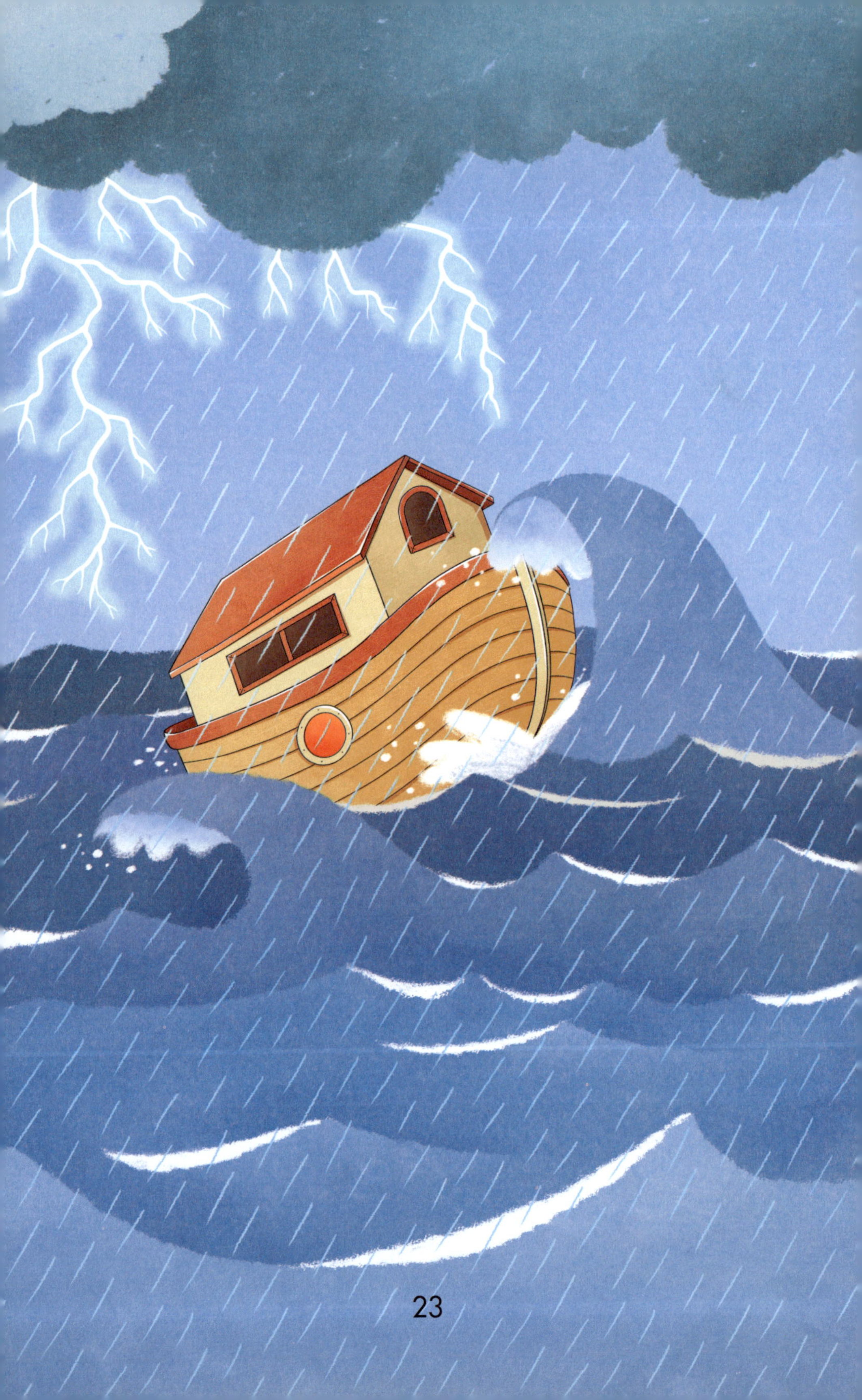

It rained for 40 days
and 40 nights.
Water covered the whole earth,
even the tips
of the tallest mountains.

After seven days,

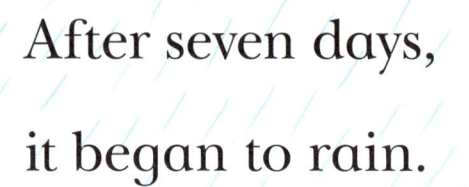

it began to rain.

And rain.

And rain.

And rain.

Then God closed the door.

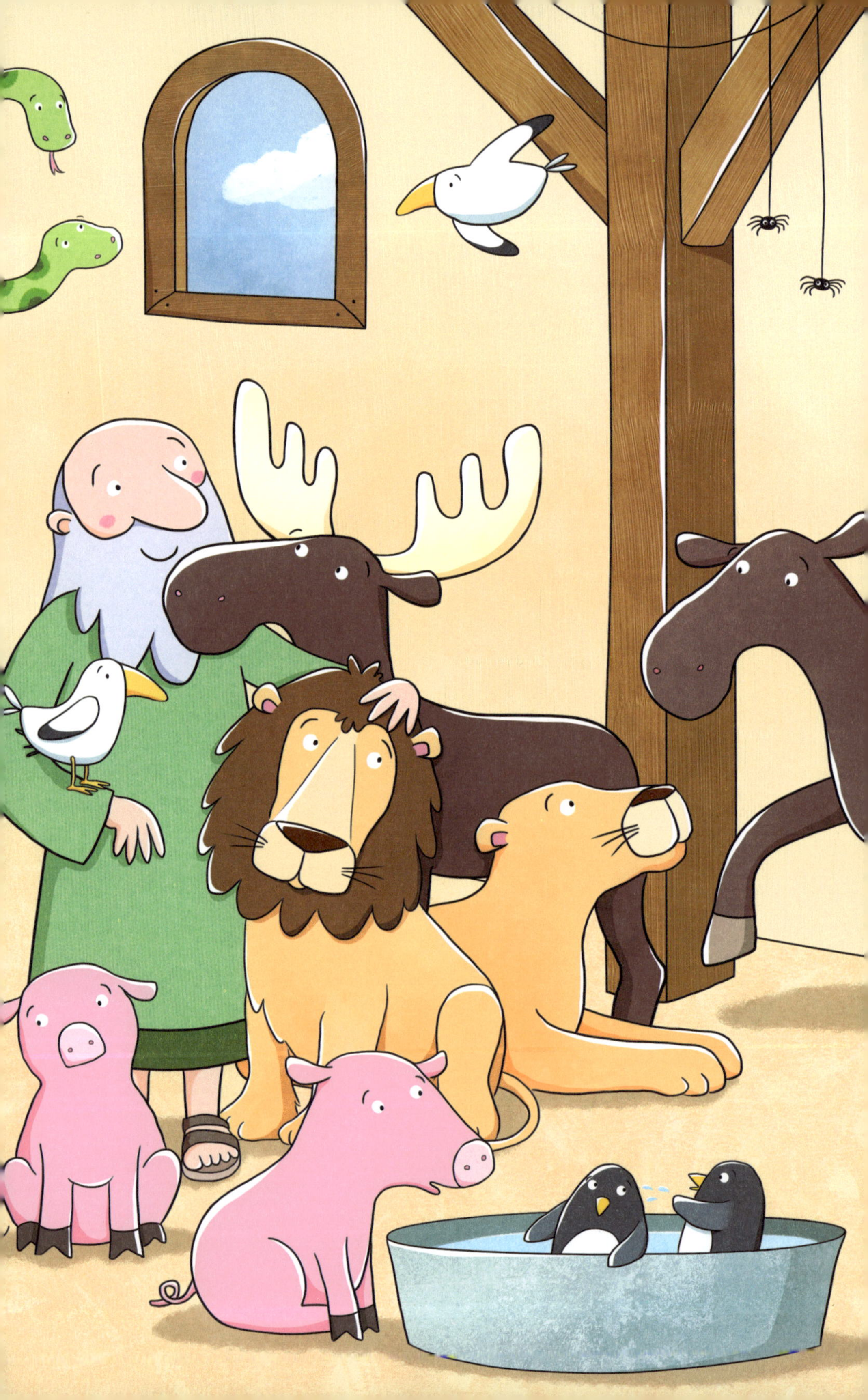

It was very crowded!

Some barked.

Others roared.

And others cooed.

Two animals of every kind also climbed in!

Some walked.

Others hopped.

And others flew.

Noah was now over 600 years old.

He and his family

climbed into the ark.

It took Noah many years

to build the ark.

Finally, it was ready.

All of Noah's friends

laughed at him.

They thought it would never rain.

But Noah trusted God.

Noah did not know how to make an ark.

But God did.

He told Noah how to build it.

God told Noah to build an ark.

An ark is a big boat.

God said he would save Noah

and his family from the storm.

He would also save

two of every kind of animal.

One day, God told Noah

he was going to make it rain.

It was going to rain so much

that water would cover

the whole earth.

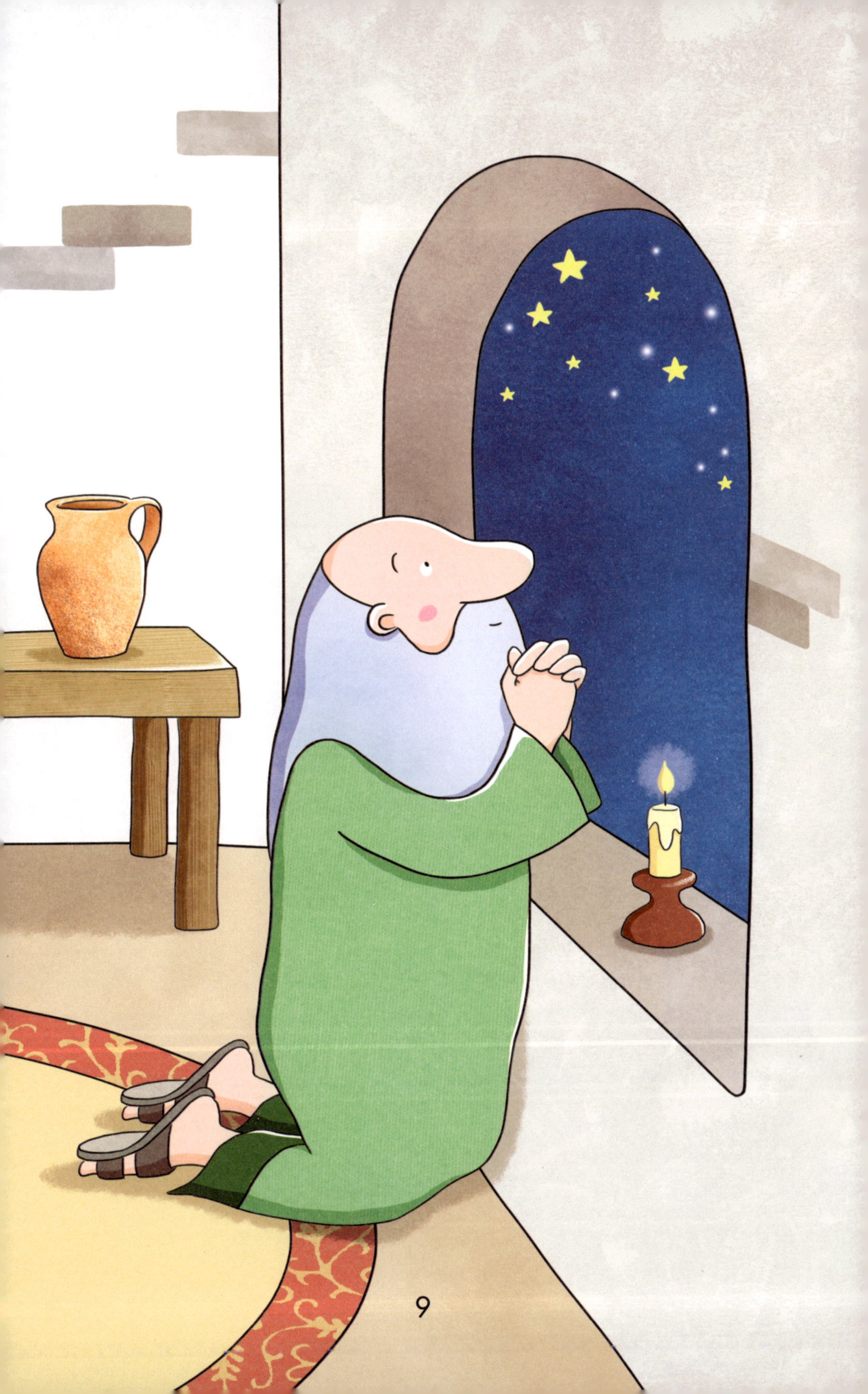

Noah was different
from the others.
Noah loved God.
God was his friend.
Noah spent time with God
and talked to him every day.

They did not listen to God.

This made God very sad.

God loved his people.

Many people lived near Noah.

They did lots of bad things.

They hurt one another.

He and his wife had three sons.

Each son had a wife.

A long time ago,

there lived a man named Noah.

Noah was 500 years old.

PUFFIN YOUNG READERS

LEVEL 2
PROGRESSING READER

NOAH'S ARK

by Avery Reed
illustrated by Marta Costa

Puffin Young Readers
An Imprint of Penguin Random House

For Micah and Zoe—AR

To Carlos, Marc, and Claudia. Thanks for being by my side every day—MC

PUFFIN YOUNG READERS
An Imprint of Penguin Random House LLC

Penguin supports copyright. Copyright fuels creativity, encourages diverse voices, promotes free speech, and creates a vibrant culture. Thank you for buying an authorized edition of this book and for complying with copyright laws by not reproducing, scanning, or distributing any part of it in any form without permission. You are supporting writers and allowing Penguin to continue to publish books for every reader.

Copyright © 2016 by Penguin Random House LLC. All rights reserved.
Published by Puffin Young Readers, an imprint of Penguin Random House LLC, 345 Hudson Street, New York, New York 10014. Manufactured in China.

Library of Congress Cataloging-in-Publication Data is available.

ISBN 978-0-399-54202-2   10 9 8 7 6 5 4 3 2 1

Dear Parents and Educators,

Welcome to Puffin Young Re[aders!] [We] know that each child develo[ps] speech, critical thinking, an[d ...] recognizes this fact. As a res[ult ...] assigned a traditional easy-to-read level (1–4) as well as a Guided Reading Level (A–P). Both of these systems will help you choose the right book for your child. Please refer to the back of each book for specific leveling information. Puffin Young Readers features esteemed authors and illustrators, stories about favorite characters, fascinating nonfiction, and more!

Noah's Ark

LEVEL 2
GUIDED READING LEVEL I

This book is perfect for a **Progressing Reader** who:
- can figure out unknown words by using picture and context clues;
- can recognize beginning, middle, and ending sounds;
- can make and confirm predictions about what will happen in the text; and
- can distinguish between fiction and nonfiction.

Here are some **activities** you can do during and after reading this book:
- –ed Endings: List all the words in the story that have an –ed ending. On a separate piece of paper, write the root word next to the word with the –ed ending. The chart below will get you started:

Word with an -ed Ending	Root Word
lived	live
loved	love
talked	talk

- Comprehension: After reading the story, use your memory to answer the following questions:
  - How old is Noah at the beginning of the story?
  - Who tells Noah to build an ark?
  - What kind of animal brings Noah an olive branch?

Remember, sharing the love of reading with a child is the best gift you can give!

—Bonnie Bader, EdM
  Puffin Young Readers program

*Puffin Young Readers are leveled by independent reviewers applying the standards developed by Irene Fountas and Gay Su Pinnell in *Matching Books to Readers: Using Leveled Books in Guided Reading*, Heinemann, 1999.